나는 어떻게 구원을 얻는가?
글·사진 이일화
하나님이 세상을 이처럼 사랑하사 독생자를 주셨으니
이는 그를 믿는 자마다 멸망하지 않고 영생을 얻게 하려 하심이라 (요 3:16)
주 예수를 믿으라. 그리하면 너와 네 집이 구원을 받으리라 (행 16:31)

기독교문서 선교단체
하나님을 찾는 사람들

나는 어떻게 구원을 얻는가?

하나님이 세상을 이처럼 사랑하사 독생자를 주셨으니
이는 그를 믿는 자마다 멸망하지 않고 영생을 얻게 하려 하심이라 (요 3:16)
주 예수를 믿으라. 그리하면 너와 네 집이 구원을 받으리라 (행 16:31)

예수님께서 하나님과 사람 사이의 중보자로서,
우리의 죄를 대신하여 희생제물, 즉 속죄제물이 되시어 십자가에서 고난을 받으셨습니다

예수 그리스도께서 십자가 위에서 운명하신 지,
사흘 만에 다시 부활하심으로 우리에게 영생이 있음을 확실히 증거 하여 주셨습니다

새번역

사도신경

나는
전능하신 아버지 하나님,
천지의 창조주를 믿습니다.

나는
그의 유일하신 아들,
우리 주 예수 그리스도를 믿습니다.

그는
성령으로 잉태되어
동정녀 마리아에게서 나시고,
본디오 빌라도에게 고난을 받아
십자가에 못 박혀 죽으시고,
장사된 지 사흘 만에
죽은 자 가운데서 다시 살아나셨으며,

하늘에 오르시어
전능하신 아버지 하나님 우편에 앉아 계시다가,
거기로부터 살아 있는 자와 죽은 자를
심판하러 오십니다.

나는
성령을 믿으며,
거룩한 공교회와 성도의 교제와
죄를 용서받는 것과
몸의 부활과 영생을 믿습니다.
아멘.

하나님이 세상을 이처럼 사랑하사 독생자를 주셨으니,
이는 그를 믿는 자마다 멸망하지 않고, 영생을 얻게 하려 하심이라 (요3:16)

예수님께서 하나님과 사람 사이의 중보자로서,
우리의 죄를 대신하여 희생제물, 즉 속죄제물이 되시어 십자가에서 고난을 받으셨습니다

나는 어떻게 구원을 얻는가?

나는 어떻게 구원을 얻는가?

너무 인생이 고달파 지푸라기라도 잡고 싶은 심정으로 교회에 나오게 되고,
그곳에서 우리는 전혀 예기치 않은 한 분을 만나게 됩니다.

목차

예수님을 알게 되는 동기

우리가 살아가다가 보면 전혀 예기치 않은 일들로 어려움을 겪는 경우가 있습니다.

누군가에게 의지하고 싶은데, 그런 사람조차 없는 너무 힘든 시기가 다가올 때, 어떤 교회에 나가는 지인을 통하여 예수 그리스도에 대하여 듣게 됩니다.

너무 인생이 고달파 지푸라기라도 잡고 싶은 심정으로 교회에 나오게 되고, 그곳에서 우리는 전혀 예기치 않은 한 분을 만나게 됩니다.

그분은 어떤 분이시길래 우리를 구원했다고 하고, 우리에게 위안이 된다고 하고, 우리에게 영생이 있다고 이야기할까요?

예수님께서는 모든 사람들에게 그분께 나아오라고 말씀하시고 계십니다.

수고하고 무거운 짐 진 자들아 다 내게로 오라 내가 너희를 쉬게 하리라. (마11:28)

그분은 우리를 구원하실 예수 그리스도이시고, 우리를 위하여 이 땅에 오셨기 때문입니다.

그분을 전하는 제자들은 우리에게 이와 같이 권면합니다.

주 예수를 믿으라. 그리하면 너와 네 집이 구원을 받으리라. (행16:31)

예수 그리스도께서 이 세상에 계시면서 공생애를 지내시는 동안 우리에게 끊임없이 이렇게 말씀하셨습니다. 그분을 믿으라고요.

내가 행하거든 나를 믿지 아니할지라도 그 일은 믿으라. 그러면 너희가 아버지께서 내 안에 계시고 내가 아버지 안에 있음을 깨달아 알리라 하시니. (요10:38)

너희는 마음에 근심하지 말라 하나님을 믿으니 또 나를 믿으라. (요 14:1)

내가 아버지 안에 거하고 아버지께서 내 안에 계심을 믿으라. 그렇지 못하겠거든 행하는 그 일로 말미암아 나를 믿으라. (요 14:11)

우리가 주 예수 그리스도를 믿으며, 구원을 얻게 됩니다. 왜 그럴까요? 이제 그 이야기를 시작하려 합니다.

참 사랑이신 분, 참 사람이신 분, 또 참 하나님이신 신이신 분, 예수 그리스도는 과연 누구일까요?

하나님께서는 인간을 지으시고 매우 기뻐하셨다고
성경은 기록하고 있습니다

그분은 어떤 분이시길래 우리를 구원했다고 하고, 우리에게 위안이 된다고 하고,
우리에게 영생이 있다고 이야기할까요?

인간 창조의 비밀

하나님께서는 이 세상을 어떻게 창조하셨을까요, 또한 창조하신 이유는 무엇일까요? 하나님께서 온 세상을 창조하시고 난 후, 인간을 창조하시고 하나님께서 축복하신 내용은 무엇일까요? 하나님께서 인간을 창조하신 내용과 그 과정을 살펴보면, 우리가 사는 세상이 다시 한 번 아름답게 느껴지게 될 것입니다. (창 1:1-2:3)

우리 인간의 구원이 왜 필요한지를 이해하려면, 그것은 바로 하나님께서 인간을 창조하신 그 처음의 때부터 그 이야기가 시작됩니다.

그것은 바로 우리 인간이 하나님께서 창조하신 피조물이며, 우리는 하나님의 영광을 찬송해야 할 의무가 있는 것이지요. 하나님께서는 인간을 지으시고 매우 기뻐하셨다고 성경은 기록하고 있습니다.

성경에 나타난 하나님의 세상에 대한 창조의 기록의 대략을 살펴보면 이러합니다.

태초에 하나님께서 천지를 창조하셨습니다. 첫째 날 빛을 창조하신 후부터 다섯째 날까지 어둠, 하늘과 바다, 그리고 땅과 각종 채소들, 식물과 동물을 창조하셨습니다. 여섯째 날에는 땅의 생물, 가축과 기는 것, 땅의 짐승들을 만드신 후에 사람을 마지막으로 창조하셨습니다.

하나님께서 이 세상의 창조물들을 보시고 참 좋아하셨습니다. 창조의 마지막 일곱째 날, 하나님께서 그 하시던 일을 마치시고 안식하시므로, 이날을 거룩하게 하셨습니다.

하나님께서 모든 우주와 땅을 창조하시던 여섯째 날에, 그분의 형상대로 인간을 남자와 여자로 만드시고 복을 주셨습니다. 특히 사람을 창조한 여섯째 날에는 다른 날보다 매우 기뻐하셨는데, 이 때 창조된 두 사람이 '아담(Adam)'과 '하와(Eve)'입니다.

하나님께서 참으로 인간을 복주셨습니다. 하나님께서 사람에게 말씀하시길 "생육하고 번성하여 땅에 충만하여라. 모든 생물을 다스려라"(창1:28) 말씀하시고, 에덴동산을 맡아서 돌보시게 하셨습니다.

하나님께서 인간을 에덴동산에 살게 하시면서 한 가지 명령을 하셨습니다.

그 명령은 에덴동산에서 동산 각종 나무의 실과는 임의로 먹되, '선악을 알게 하는 나무의 실과는 먹지 말라', 그것을 먹는 날에는 '정녕 죽으리라'는 것이었습니다.

바로 이것이 성경에 기록된 하나님께서 인간을 창조하시고 기뻐하신 세상의 창조기록의 전말입니다.

죄를 지은 인간은 하나님의 명령에 불순종한 것을 서로에게 핑계를 대면서
책임을 회피하려는 모습을 보여줍니다.

2

인간의 원죄와 하나님의 심판 선언

인간의 죄를 이해하는 것은 인간이 구원을 받을 수밖에 없는 존재임을 이해하는데 필수적입니다. 이 장에서는 인간이 어떻게 죄를 지었으며, 죄를 지은 이후 어떤 결과를 가져왔는지를 살펴봅니다. 인간이 죄의 유혹에 아주 나약한 존재라는 사실을 하나님의 말씀인 성경을 통하여 깨닫을 수 있습니다. (창2:8-3:26)

인간의 원죄는 하나님의 명령을 어긴 것이었습니다. 신약성경은 인간이 죄를 지었던 우리들의 마음이 아담과 같이 다시 죄를 짓지 않기를 권면하고 있습니다.

뱀이 그 간계로 하와를 미혹한 것 같이 너희 마음이 그리스도를 향하는 진실함과 깨끗함에서 떠나 부패할까 두려워하노라 (고후11:3)

인간이 뱀의 유혹에 빠져 하나님의 명령에 불순종하였기 때문입니다. 인간이 하나님께 지으심을 받은 후, 하나님의 명령을 어기고 죄

를 지은 전말을 살펴보면 이러합니다.

하나님의 지으신 들짐승 중에 뱀이 가장 간교하였습니다. 뱀의 꼬임으로 여자는 '먹음직도 하고, 보암직도 하고, 지혜롭게 할 만큼' 탐스런 나무의 열매를 따먹고, 아담에게도 주어 함께 먹었습니다.

선악과를 먹은 후 두 사람의 눈이 밝아져서 자기들이 벗은 몸인 것을 알고 무화과나무 잎으로 치마를 엮어서 몸을 가렸습니다. 이것이 첫 번째 인간이 지은 죄은 전말입니다.

이때 죄를 지은 인간은 하나님의 명령에 불순종한 것을 서로에게 핑계를 대면서 책임을 회피하려는 모습을 보여줍니다. 동산을 거니시는 하나님의 음성이 들릴 때에 아담과 하와는 하나님의 낯을 피하여 동산 나무 사이에 숨었습니다.

그때 하나님께서 "아담아, 네가 어디 있느냐?"고 부르시며 말씀하셨습니다. 이 때 아담은 "내가 동산에서 하나님 소리를 듣고, 내가 벗었으므로 두려워하여 숨었습니다." 하고 대답했습니다.

하나님께서는 아담에게 "누가 벗은 몸을 알려 주었느냐? 네게 먹지 말라고 한 나무의 열매를 먹었느냐?"하고 물었습니다.

그러자 아담은 여자가 주어서 먹었고, 여자는 "뱀이 나를 꾀므로 먹었나이다."하고 핑계를 대었습니다. 이것이 인간이 하나님의 명령을 어기고 인간이 지은 원죄의 전체적인 내용입니다.

하나님의 명령을 거역한 인간의 죄에 대하여 하나님께서는 아담과 하와와 함께 이들을 유혹한 뱀까지도 분명하게 심판을 선언하셨습니다.

하나님께서는 뱀에게 이르셨습니다. "뱀은 평생토록 기어 다니고, 흙을 먹어야 하며, 여자와 원수가 되게 하고, 뱀의 후손과 여자의 후

손이 원수가 될 뿐만 아니라, 여자의 후손은 뱀의 머리를 상하게 할 것이며, 뱀은 여자의 후손의 발꿈치를 상하게 할 것이라."고 하셨습니다.

여자에게는 "잉태하는 고통을 크게 더하고, 수고하고 자식을 나을 것이며, 여자는 남편을 사모하고, 남편은 여자를 다스릴 것이라."고 말씀하셨습니다.

아담에게는 "땅이 아담 때문에 저주를 받고, 죽는 날까지 수고를 하여야만 땅에서 나는 것을 먹을 수 있으며, 땅이 가시덤불과 엉겅퀴를 낼 것이며, 아담의 먹을 것이 밭의 채소인즉, 흙으로 돌아갈 때까지 얼굴에서 땀을 흘려야 식물을 먹을 수 있고, 흙에서 만들어졌으므로 흙으로 돌아갈 것"이라고 하셨습니다. 이 때 아담은 자기 아내의 이름은 하와(생명, 생명이 있는 모든 것의 어머니)라고 하였습니다.

하나님께서 아담과 그의 아내 하와를 위하여 가죽옷을 지어 입히셨습니다.

또한 하나님께서 에덴동산에서 아담을 보내어 그 근원이 된 땅을 갈게 하셨습니다.

하나님께서 에덴동산에서 인간을 쫓아내신 후 다시는 인간이 에덴동산으로 들어갈 수 없게 하셨습니다.

하나님께서 에덴동산에서 아담을 보내어
그 근원이 된 땅을 갈게 하셨습니다.
하나님께서 에덴동산에서 인간을 쫓아내신 후
다시는 인간이
에덴동산으로 들어갈 수 없게 하셨습니다

3

인간의 죄의 유전과 율법에 의한 죄

죄의 기준은 무엇일까요? 지금 태어난 내게 죄가 있다면 그 이유는 무엇일까요? 또한 지금 내가 죄인이라고 이야기를 한다면 이유는 무엇일까요? 우리가 지금까지 추상적으로 이해하였던 죄의 개념을 좀 더 세밀히 살펴봄으로써 우리 인간이 죄인일 수밖에 없다는 사실을 깨닫게 될 것입니다.

죄의 결과는 인간 모두가 사망에 이르게 되었다는 것입니다. 성경은 아담의 죄로 인하여 죄가 유전이 되었다는 사실을 분명히 설명하여 줍니다.

아담의 불순종의 죄 때문에 세상에 죄가 들어오고, 이 죄로 말미암아 사망이 세상에 왔다고 말합니다.

아담의 죄 때문에 모든 사람이 죄를 짓게 되었고, 그래서 모든 사람이 사망에 이를 수밖에 없에 된 것 입니다.

그러므로 한 사람으로 말미암아 죄가 세상에 들어오고, 죄로 말미암

아 사망이 들어 왔나니, 이와 같이 모든 사람이 죄를 지었으므로 사망이 모든 사람에게 이르렀느니라. (롬5:12)

죄는 율법이 있기 전에도 세상에 있었습니다. 아담 때부터 모세 시대까지는 사망이 왕노릇(죽음이 지배)하여, 아담의 범죄와 같은 죄를 짓지 않은 사람들까지도 죽음의 지배를 벗어나지 못하게 되었습니다.

그러나 아담으로부터 모세까지 아담의 범죄와 같은 죄를 짓지 아니한 자들까지도 사망이 왕노릇 하였나니 (롬5:14)

또한 모세가 하나님께로부터 율법을 받은 후에는 모든 사람이 율법에 의하여 죄를 짓게 되었습니다.

모든 사람이 죄를 범하였으매, 하나님의 영광이 이르지 못하더니 (롬

3:23)

전에 율법을 깨닫지 못했을 때에는 내가 살았더니 계명이 이르매 죄는 살아나고 나는 죽었도다. (롬7:9)

모세의 율법에 대하여 성경은 '율법으로 말미암는 의를 행하는 사람은 그 의로 살리라'고 하였습니다.

너희는 내 법도를 따르며 내 규례를 지켜 그대로 행하라 나는 너희의 하나님 여호와이니라. 너희는 내 규례와 법도를 지키라 사람이 이를 행하면 그로 말미암아 살리라 나는 여호와이니라. (레18:4-5)

모세가 기록하되 율법으로 말미암는 의를 행하는 사람은 그 의로 살리라 하였거니와 (롬10:5)

그러나 그 율법의 행위로는 그분 앞에 의롭다함을 얻을 육체가 없게 되었습니다.

율법 없는 이방인이 본성으로 율법의 일을 행할 때에는 이 사람은 율법이 없어도 자기가 자기에게 율법이 되나니, 이런 이들은 그 양심이 증거가 되어 그 생각들이 서로 혹은 고발하며 혹은 변명하며 그 마음에 새긴 율법의 행위를 나타내느니라. (롬2:14-15)

기록된 바 의인은 없나니 하나도 없으며, 깨닫는 자도 없고 하나님을 찾는 자도 없고, 다 치우쳐 함께 무익하게 되고 선을 행하는 자는 없나니 하나도 없도다. (롬3:10-12)

율법은 진노를 이루게 하나니, 율법이 없는 곳에는 범법도 없느니라. (롬4:15)

죄는 하나님을 섬기지 않고 자기의 욕망대로 사는 것으로 즉 육체의 욕망을 따라 사는 것을 말합니다.

죄를 지은 사람은 누구나 자신의 공로와 행위(수양, 지식, 선행 등)로는 결코 구원을 얻지 못합니다.
오직 하나님의 은혜로만 구원을 받을 수 있는 것이지요.

하나님을 알되 하나님을 영화롭게도 아니하며 감사하지도 아니하고 오히려 그 생각이 허망하여지며 미련한 마음이 어두워졌나니 스스로 지혜 있다 하나 어리석게 되어 썩어지지 아니하는 하나님의 영광을 썩어질 사람과 새와 짐승과 기어다니는 동물 모양의 우상으로 바꾸었느니라. (롬1:21-23)

또한 죄는 믿음으로 좇아 하지 아니하는 모든 것, 선을 행할 줄 알고도 행치 않는 것, 불법을 행하는 것, 모든 불의한 것, 이 모든 것을 일컫습니다.

의심하고 먹는 자는 정죄되었나니 이는 믿음을 따라 하지 아니하였기 때문이라 믿음을 따라 하지 아니하는 것은 다 죄니라. (롬14:23)

그러므로 사람이 선을 행할 줄 알고도 행하지 아니하면 죄니라. (약4:17)

죄를 짓는 자마다 불법을 행하나니 죄는 불법이라. (요일3:4)

모든 불의가 죄로되 사망에 이르지 아니하는 죄도 있도다. (요일5:17)

하나님께서는 죄 가운데서 육체의 욕망을 따라 사는 사람을 더러움에 살도록 그냥 내버려두셨습니다. 하나님께서 그들을 마음의 정욕대로 더러움에 살도록 내버려 두심으로 그들의 몸을 서로 욕되게 하셨습니다.

그러므로 하나님께서 그들을 마음의 정욕대로 더러움에 내버려 두사 그들의 몸을 서로 욕되게 하셨으니, 이는 그들이 하나님의 진리를 거짓 것으로 바꾸어 피조물을 조물주보다 더 경배하고 섬김이라 주는 곧 영원히 찬송할 이시로다 아멘. (롬1:24-25)

따라서 하나님께서 그들을 부끄러운 욕심에 내어버려 두시므로 순

리가 아닌 역리로 쓰게 하셨습니다. 또한 마음에 하나님 두기를 싫어하는 사람은 하나님께서 그들을 그 상실한 마음대로 내버려 두시므로 올바르지 못한 일을 하게 하셨습니다.

이 때문에 하나님께서 그들을 부끄러운 욕심에 내버려 두셨으니, 곧 그들의 여자들도 순리대로 쓸 것을 바꾸어 역리로 쓰며, 그와 같이 남자들도 순리대로 여자 쓰기를 버리고, 서로 향하여 음욕이 불 일듯 하매, 남자가 남자와 더불어 부끄러운 일을 행하여 그들의 그릇됨에 상당한 보응을 그들 자신이 받았느니라. (롬1:26-27)

또한 그들이 마음에 하나님 두기를 싫어하매 하나님께서 그들을 그 상실한 마음대로 내버려 두사 합당하지 못한 일을 하게 하셨으니, 곧 모든 불의, 추악, 탐욕, 악의가 가득한 자요, 시기, 살인, 분쟁, 사기, 악독이 가득한 자요, 수군수군하는 자요, 비방하는 자요, 하나님께서

미워하시는 자요, 능욕하는 자요, 교만한 자요, 자랑하는 자요, 악을 도모하는 자요, 부모를 거역하는 자요, 우매한 자요, 배약하는 자요, 무정한 자요, 무자비한 자라, 그들이 이 같은 일을 행하는 자는 사형에 해당한다고 하나님께서 정하심을 알고도 자기들만 행할 뿐 아니라 또한 그런 일을 행하는 자를 옳다 하느니라. (롬1:28-32)

죄는 믿음으로 좇아 하지 아니하는 모든 것, 선을 행할 줄 알고도 행치 않는 것, 불법을 행하는 것, 모든 불의한 것, 이 모든 것을 일컫습니다

4

죄악의 심판과 형벌

죄 때문에 얻게 되는 결과는 무엇일까요? 죄 때문에 심판을 받는다고 하는데 심판을 받는다는 의미는 무엇일까요? 최후의 심판과 영원한 형벌은 무엇일까요? 죄의 결과로 심판과 영영한 형벌이 있다는 사실을 우리는 알아야 합니다. 형벌이 있다면 형벌에서 벗어날 방법 또한 찾게 될 것이기 때문입니다.

사망 후에는 심판과 형벌이 따르기 마련입니다. 인간의 죄의 삯은 결국 사망이기 때문에 죄인인 인간은 아무도 피할 수 없는 심판을 모두 받게 되는 것입니다.

사람은 누구나 죄 때문에 반드시 죽게 되어 있습니다. 육신이 죽은 후에는 반드시 심판을 받게 되어 있습니다.

한번 죽는 것은 사람에게 정해진 것이요, 그 후에는 심판이 있으리니 (히9:27)

성경은 '죄의 삯은 사망이라'고 우리에게 분명히 말해주고 있습니다.

죄의 삯은 사망이요 (롬6:23)

그러므로 한 사람으로 말미암아 죄가 세상에 들어오고, 죄로 말미암아 사망이 들어왔나니, 이와 같이 모든 사람이 죄를 지었으므로 사망이 모든 사람에게 이르렀느니라. (롬5:12)

오직 각 사람이 시험을 받는 것은 자기 욕심에 끌려 미혹됨이니 욕심이 잉태한즉 죄를 낳고 죄가 장성한즉 사망을 낳느니라. (약1:14-15)

또한 성경은 '그날은 어두움이요 빛이 아니라'고 했습니다.

화있을진저 여호와의 날을 사모하는 자여, 너희가 어찌하여 여호와

의 날을 사모하느냐. 그날은 어둠이요, 빛이 아니라 (암5:18)

죄의 삯인 심판에는 반드시 형벌이 따르기 마련입니다. 성경에는 하나님의 심판이 죄인인 인간에게 엄하다는 사실을 기록하며 보여주고 있습니다.

하나님께 범죄한 모든 사람들은 예외 없이 모두 불과 유황으로 타는 둘째 사망에 들어가게 됩니다.

그러나 두려워하는 자들과 믿지 아니하는 자들과 흉악한 자들과 살인자들과 음행하는 자들과 점술가들과 우상 숭배자들과 거짓말하는 모든 자들은 불과 유황으로 타는 못에 던져지리니 이것이 둘째 사망이라. (계21:8)

악인들을 분리하여 풀무 불에 던져 넣을 것입니다. 이 불은 영원히 꺼지지 않습니다. 예수 그리스도, 우리 주님께서 이 같은 심판이 올

것임을 분명히 말씀하셨습니다.

인자가 그 천사들을 보내리니 그들이 그 나라에서 모든 넘어지게 하는 것과 또 불법을 행하는 자들을 거두어 내어 풀무 불에 던져 넣으리니 거기서 울며 이를 갈게 되리라. (마13:41-42)

세상 끝에도 이러하리라 천사들이 와서 의인 중에서 악인을 갈라내어 풀무 불에 던져 넣으리니 거기서 울며 이를 갈리라. (마13:49-50)

거기는 구더기도 죽지 않고 불도 꺼지지 않을 뿐만 아니라, 사람마다 불로써 소금 치듯 함을 받게 된다고 주님께서는 말씀하셨습니다.

거기에서는 구더기도 죽지 않고 불도 꺼지지 아니하느니라. 사람마다 불로써 소금 치듯 함을 받으리라. (막9:48-49)

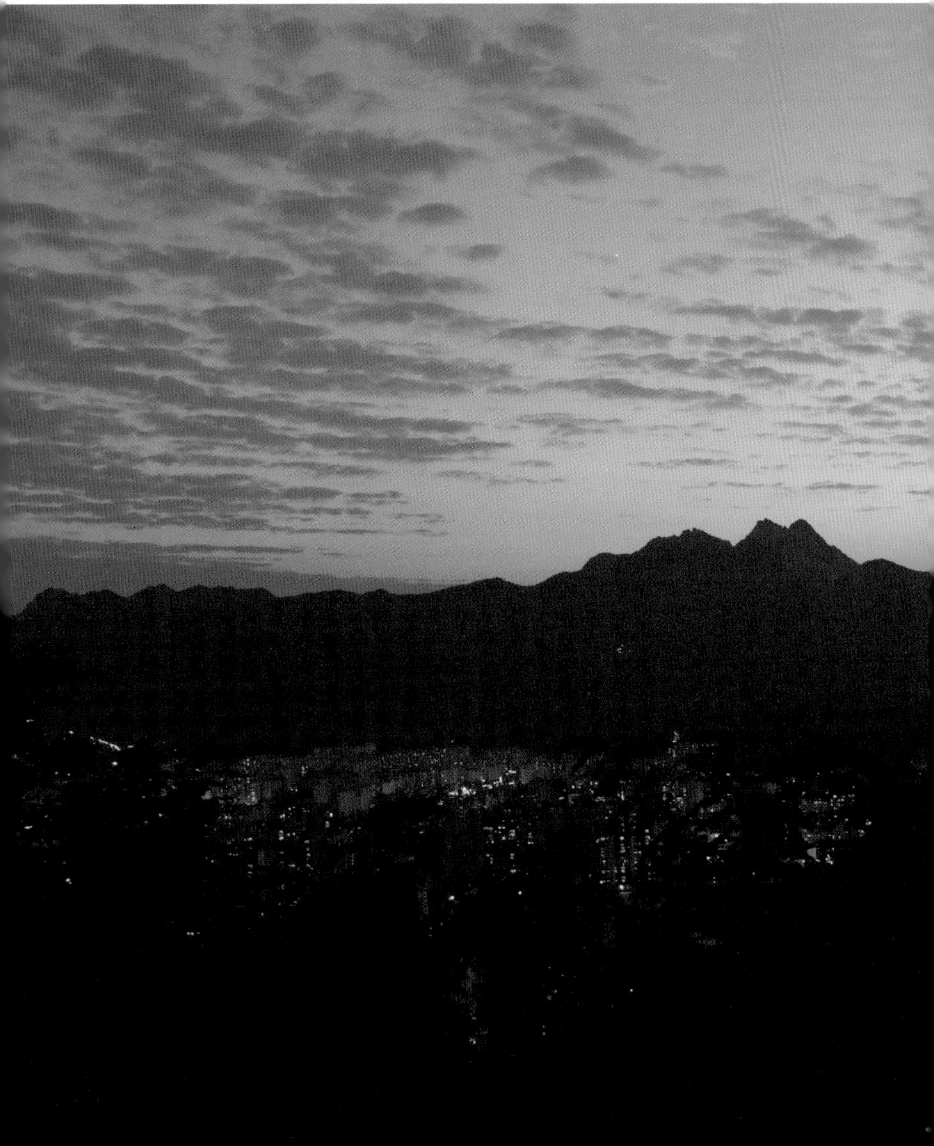

거기는 구더기도 죽지 않고 불도 꺼지지 않을 뿐만 아니라,
사람마다 불로써 소금 치듯 함을 받게 된다고 주님께서는 말씀하셨습니다

영생의 길이며 구원의 길이신 예수 그리스도를 우리 주님으로 모셔 들이기 위해서는
과거의 죄를 회개하고, 예수님이 구세주이심을 믿고 고백해야만 합니다

5

예수 그리스도의 오심과 구원의 은혜

우리는 누군가에게서 예수 그리스도에 대한 이야기를 들었고, 또 그분을 만났다는 이야기를 많이 듣습니다. 예수 그리스도! 그분은 누구일까요? 예수님이 어떤 분이신지 살펴봅니다. 우리가 믿는 예수님이 우리의 구세주시라면, 그분은 우리에게 어떤 의미가 있을까요? 이 장에서 알아봅니다.

예수님은 우리의 구주, 우리의 영원한 소망입니다. 죄를 지은 사람은 누구든지 자기 자신의 힘으로는 절대로 구원을 받지 못합니다.

따라서 우리의 죄를 해결하시기 위하여 예수 그리스도께서 이 세상에 오실 수밖에 없으셨습니다.

죄를 지은 사람은 누구나 자신의 공로와 행위(수양, 지식, 선행 등)로는 결코 구원을 얻지 못합니다. 오직 하나님의 은혜로만 구원을 받을 수 있는 것이지요.

죄의 삯은 사망이요 하나님의 은사는 그리스도 예수 우리 주안에 있는 영생이니라. (롬6:23)

너희는 그 은혜에 의하여 믿음으로 말미암아 구원을 받았으니 이것은 너희에게서 난 것이 아니요 하나님의 선물이라. (엡 2:8)

하나님께서는 우리가 자랑을 하지 못하도록 하나님의 선물인 믿음을 우리에게 허락하심으로 우리가 믿음으로 구원을 얻게 하셨습니다.

예수 그리스도를 믿는 이 믿음이 우리를 죄에서 구원을 얻게 합니다.

그분의 은혜를 믿음으로 받아들이면 우리가 구원을 얻게 되고 영생의 길에 들어설 수 있게 되는 것입니다.

너희는 그 은혜에 의하여 믿음으로 말미암아 구원을 받았으니 이것은 너희에게서 난 것이 아니요 하나님의 선물이라. 행위에서 난 것이 아니니 이는 누구든지 자랑하지 못하게 함이라. (엡2:8-9)

또 어려서부터 성경을 알았나니 성경은 능히 너로 하여금 그리스도 예수 안에 있는 믿음으로 말미암아 구원에 이르는 지혜가 있게 하느니라. (딤후3:15)

예수를 너희가 보지 못하였으나 사랑하는도다. 이제도 보지 못하나 믿고 말할 수 없는 영광스러운 즐거움으로 기뻐하니 믿음의 결국 곧 영혼의 구원을 받음이라. (벧전1:8-9)

하나님께서 하나님의 외아들, 독생자 예수 그리스도를 이 땅에 보내신 것은 인생을 너무나 극진히 사랑하셨기 때문입니다.

너희는 내 법도를 따르며 내 규례를 지켜 그대로 행하라 나는 너희의 하나님 여호와이니라.
너희는 내 규례와 법도를 지키라 사람이 이를 행하면
그로 말미암아 살리라 나는 여호와이니라. (레18:4-5)

하나님이 세상을 이처럼 사랑하사 독생자를 주셨으니 이는 그를 믿는 자마다 멸망하지 않고 영생을 얻게 하려 하심이라 (요3:16)

하나님이 약속하신대로 이 사람의 후손에서 이스라엘을 위하여 구주를 세우셨으니 곧 예수라. (행13:23)

이와 같이 그리스도도 많은 사람의 죄를 담당하시려고 단번에 드리신 바 되셨고 구원에 이르게 하기 위하여 죄와 상관 없이 자기를 바라는 자들에게 두 번째 나타나시리라. (히9:28)

하나님께서 그분의 외 아드님이신 예수 그리스도를 이 세상에 보내심으로 우리에게 구원과 영생의 길을 열어놓으셨습니다.

하나님께서 그분의 외아들을 세상에 보내신 것은 이 세상을 심판하려 하심이 아니라, 이 세상을 구원하시기 위함이셨습니다.

우리를 죄에서 구해 내실 분은 바로 예수 그리스도 한분뿐이십니다.

아들을 낳으리니 이름을 예수라 하라. 이는 그가 자기 백성을 그들의 죄에서 구원할 자이심이라 하니라. (마1:21)

하나님이 그 아들을 세상에 보내신 것은 세상을 심판하려 하심이 아니요 그로 말미암아 세상이 구원을 받게 하려 하심이라. (요3:17)

미쁘다 모든 사람이 받을 만한 이 말이여 그리스도 예수께서 죄인을 구원하시려고 세상에 임하셨다 하였도다. (딤전1:15)

예수님께서 친히 진리와 생명의 구주가 되셨습니다.

천국 가는 길, 영생의 길은 오직 그분 한 분뿐임을 우리는 알아야 합니다. 주님께서는 그분이 이 땅에서 사역을 하시면서 제자들에게 분명하게 가르쳐 주셨습니다.

내가 문이니 누구든지 나로 말미암아 들어가면 구원을 받고 또는 들어가며 나오며 꼴을 얻으리라. (요10:9)

예수님께서 이르시되 내가 곧 길이요 진리요 생명이니 나로 말미암지 않고는 아버지께로 올 자가 없느니라. (요14:6)

다른 이로써는 구원을 받을 수 없나니 천하 사람 중에 구원을 받을 만한 다른 이름을 우리에게 주신 일이 없음이라 하였더라. (행4:12)

우리의 속죄의 방법은 회개하고 예수님을 우리의 구주로 모셔 들이는 것입니다. 우리는 반드시 회개 하고 예수님을 믿어야 합니다.

영생의 길이며 구원의 길이신 예수 그리스도를 우리 주님으로 모셔 들이기 위해서는 과거의 죄를 회개하고, 예수님이 구세주이심을 믿고 고백해야만 합니다.

너희가 회개하여 각각 예수 그리스도의 이름으로 세례를 받고 죄 사함을 받으라 그리하면 성령의 선물을 받으리니 (행2:38)

다른 이로써는 구원을 받을 수 없나니 천하 사람 중에 구원을 받을 만한 다른 이름을 우리에게 주신 일이 없음이라 하였더라. (행4:12)

주 예수를 믿으라. 그리하면 너와 네 집이 구원을 받으리라. (행16:31)

네가 만일 네 입으로 예수를 주로 시인하며, 또 하나님께서 그를 죽은 자 가운데서 살리신 것을 네 마음에 믿으면 구원을 받으리라. 사람이 마음으로 믿어 의에 이르고, 입으로 시인하여 구원에 이르느니라. (롬10:9-10)

누구든지 주의 이름을 부르는 자는 구원을 받으리라. (롬10:13)

나는 마음이 온유하고 겸손하니 나의 멍에를 메고 내게 배우라.
그리하면 너희 마음이 쉼을 얻으리니
이는 내 멍에는 쉽고 내 짐은 가벼움이라 하시니라. (마11:29-30)

우리는 과거의 잘못을 뉘우치고 회개하여야만 합니다.

우리의 과거의 잘못을 하나님께 온전히 고백하고 회개하면, 하나님께서 우리의 죄를 사하여 주실 것입니다.

그러므로 너희가 회개하고 돌이켜 너희 죄 없이 함을 받으라 이같이 하면 새롭게 되는 날이 주 앞으로부터 이를 것이요 또 주께서 너희를 위하여 예정하신 그리스도 곧 예수를 보내시리니 하나님이 영원 전부터 거룩한 선지자들의 입을 통하여 말씀하신 바 만물을 회복하실 때까지는 하늘이 마땅히 그를 받아 두리라. (행3:19-21)

만일 우리가 우리 죄를 자백하면 그는 미쁘시고 의로우사 우리 죄를 사하시며 우리를 모든 불의에서 깨끗하게 하실 것이요 (요일1:9)

우리는 예수님께로 나아가 그분의 말씀을 지키며 순종하여야 합니다.

우리가 예수님께 나아가면 우리의 더러운 모습을 예수 그리스도의 보배로운 피로 씻기시어 눈과 같이 깨끗하게 하실 것입니다.

우리가 그분을 따르므로 그분의 말씀을 지키고 믿으면 구원을 얻게 하실 것입니다.

여호와께서 말씀하시되 오라 우리가 서로 변론하자 너희의 죄가 주홍 같을지라도 눈과 같이 희어질 것이요, 진홍 같이 붉을지라도 양털 같이 희게 되리라. (사1:18)

너희가 만일 내가 전한 그 말을 굳게 지키고 헛되이 믿지 아니하였으면, 그로 말미암아 구원을 얻으리라. (고전15:2)

예수님께서는 하나님과 우리 인간 사이에 중보자가 되셨습니다.

예수님께서 하나님과 사람 사이의 중보자로서, 우리의 죄를 대신하여 희생제물, 즉 속죄제물이 되시어 십자가에서 고난을 받으셨습니다.

예수 그리스도께서 십자가 위에서 운명하신 지, 사흘 만에 다시 부활하심으로 우리에게 영생이 있음을 확실히 증거 하여 주셨습니다.

내가 받은 것을 먼저 너희에게 전하였노니 이는 성경대로 그리스도께서 우리 죄를 위하여 죽으시고 장사 지낸 바 되셨다가 성경대로 사흘 만에 다시 살아나사 게바(베드로)에게 보이시고, 후에 열두 제자에게와 그 후에 오백여 형제에게 일시에 보이셨나니 그 중에 지금까지 대다수는 살아 있고 어떤 사람은 잠들었으며 (고전15:3-6)

하나님은 한 분이시요, 또 하나님과 사람사이에 중보자도 한 분이시니, 곧 사람이신 그리스도 예수라. (딤전2:5)

그리스도께서도 단번에 죄를 위하여 죽으사 의인으로서 불의한 자

를 대신하셨으니 이는 우리를 하나님 앞으로 인도하려 하심이라. 육체로는 죽임을 당하시고 영으로는 살리심을 받으셨으니 (벧전3:18)

예수님께서 십자가 위에서 피를 흘리심은 우리의 죄를 대신 짊어지시고, 우리의 죄악를 대속하시기 위함이었습니다.

예수님께서 어린 양, 속죄의 제물로 그분 자신의 몸을 친히 제물로 드리심으로 우리가 나음을 입게 되었습니다.

그가 찔림은 우리의 허물 때문이요, 그가 상함은 우리의 죄악 때문이라. 그가 징계를 받음으로 우리는 평화를 누리고, 그가 채찍에 맞음으로 우리는 나음을 받았도다. (사53:5)

친히 나무에 달려 그 몸으로 우리 죄를 담당하셨으니 이는 우리로 죄에 대하여 죽고 의에 대하여 살게 하려 하심이라. 그가 채찍에 맞음으로 너희는 나음을 얻었나니 너희가 전에는 양과 같이 길을 잃었더

니 이제는 너희 영혼의 목자와 감독되신 이에게 돌아왔느니라. (벧전 2:24-25)

예수 그리스도를 믿고, 그분의 외 아드님이신 예수 그리스도를 보내신 하나님을 믿는다면, 우리는 영생을 얻게 될 것입니다.

우리는 예수 그리스도의 보혈의 피의 능력으로, 우리의 죄악으로 인한 심판에서 벗어난, 사망으로부터 영원한 생명으로 옮겨지게 된 그리스도인이기 때문입니다.

주는 그리스도시요 살아계신 하나님의 아들이시니이다. (마16:16)

영접하는 자 곧 그 이름을 믿는 자들에게는 하나님의 자녀가 되는 권세를 주셨으니 (요1:12)

말씀이 육신이 되어 우리 가운데 거하시매 우리가 그의 영광을 보니 아버지의 독생자의 영광이요 은혜와 진리가 충만하더라. (요1:14)

내가 진실로 진실로 너희에게 이르노니 내 말을 듣고 또 나 보내신 이를 믿는 자는 영생을 얻었고, 심판에 이르지 아니하나니, 사망에서 생명으로 옮겼느니라. 진실로 진실로 너희에게 이르노니 죽은 자들이 하나님의 아들의 음성을 들을 때가 오나니 곧 이때라. 듣는 자는 살아나리라. (요5:24-25)

예수님을 믿는 사람들에게는 예수님뿐만 아니라, 예수님의 이름으로 오시는 성령님께서 늘 함께 하시게 됩니다.

예수님께서는 늘 우리와 함께 하시고, 우리에게 예수님의 이름으로 함께하시는 보혜사(保惠師, counselor) 성령님을 보내시어, 우리를 도우시고, 늘 지키시며, 보호해 주십니다.

볼지어다 내가 세상 끝날까지 너희와 항상 함께 있으리라. (마28:20)

하나님께서는 우리가 자랑을 하지 못하도록
하나님의 선물인 믿음을 우리에게 허락하심으로 우리가 믿음으로 구원을 얻게 하셨습니다.

진리의 성령이 오시면 그가 너희를 모든 진리 가운데로 인도하시리니, 그가 스스로 말하지 않고, 오직 들은 것을 말하며, 장래 일을 너희에게 알리시리라. (요16:13)

이 말씀을 하시고 그들을 향하사 숨을 내쉬며 이르시되 성령을 받으라 너희가 누구의 죄든지 사하면 사하여질 것이요, 누구의 죄든지 그대로 두면 그대로 있으리라 하시니라. (요20:22-23)

그러므로 형제들아 우리가 빚진 자로되 육신에 져서 육신대로 살 것이 아니니라. 너희가 육신대로 살면 반드시 죽을 것이로되, 영으로써 몸의 행실을 죽이면 살리니 무릇 하나님의 영으로 인도함을 받는 사람은 곧 하나님의 아들이라. 너희는 다시 무서워하는 종의 영을 받지 아니하고, 양자의 영을 받았으므로 우리가 아빠, 아버지라고 부르짖느니라. 성령이 친히 우리 영과 더불어 우리가 하나님의 자녀인 것을 증언하시나니, 자녀이면 또한 상속자 곧 하나님의 상속자요, 그리스도와 함

께 한 상속자니 우리가 그와 함께 영광을 받기 위하여 고난도 함께 받아야 할 것이니라. (롬8:12-17)

보혜사(counselor) 성령님의 감동이 없이는 그 아무도 예수 그리스도를 내 생명의 구주로 시인할 수 없습니다.

그러므로 내가 너희에게 알리노니 하나님의 영으로 말하는 자는 누구든지 예수를 저주할 자라 하지 아니하고 또 성령으로 아니하고는 누구든지 예수를 주시라 할 수 없느니라. (고전12:3)

우리는 예수 그리스도의 이름으로 세례를 받고, 죄 사함을 받아야만 합니다.

우리가 하나님 앞에 나아가 예수 그리스도의 이름으로 세례를 받고 죄 사함을 받게 되면, 예수님의 이름으로 오시는 성령님께서 우리에게 오셔서 우리 안에 거하시며, 우리에게 예수님에 대하여, 그리고 그분의 사랑에 대하여 증거하여 주실 것입니다.

내가 아버지께로서 너희에게 보낼 보혜사(保惠師) 곧 아버지께로부터 나오시는 진리의 성령이 오실 때에 그가 나를 증언하실 것이요 너희도 처음부터 나와 함께 있었으므로 증언하느니라. (요15:26-27)

너희가 회개하여 각각 예수 그리스도의 이름으로 세례를 받고 죄 사함을 받으라 그리하면 성령을 선물로 받으리니, 이 약속은 너희와 너희 자녀와 모든 먼 데 사람 곧 주 우리 하나님이 얼마든지 부르시는 자들에게 하신 것이라. (행2:38-39)

너희가 만일 성령의 인도하시는 바가 되면 율법 아래에 있지 아니하리라. (갈5:18)

하나님은 한 분이시요, 또 하나님과 사람사이에 중보자도 한 분이시니,
곧 사람이신 그리스도 예수라. (딤전2:5)

예수님을 믿는 사람들에게는 예수님뿐만 아니라,
예수님의 이름으로 오시는 성령님께서 늘 함께 하시게 됩니다

6

죄 사함과 영생의 축복

죄 사함을 얻는 비결이 있다면 그 보다 더 큰 축복이 있을까요? 우리는 죄인일 수밖에 없고, 우리를 위하여 예수그리스도께서 오셨음을 이미 확인하였습니다. 예수 그리스도를 믿음으로 얻게 되는 축복이 죄 사함과 영생이라면, 이렇게 쉬운 길을 마다할 수 있을까요. 그 이유를 함께 알아봅니다.

예수님을 믿으면 죄 사함의 축복을 얻게 됩니다.

우리에게 이보다 더 기쁘고 복된 소식이 있겠습니까? 그래서 우리는 예수 그리스도를 복음(Gospel)이라고 이야기합니다.

우리는 바로 지금 이 순간 예수 그리스도를 믿음으로 구속, 곧 죄 사함을 얻게 되었습니다. 우리에게 이보다 더 좋은 소식이 있을 수 있겠습니까?

그 아들 안에서 우리가 속량 곧 죄 사함을 얻었도다. (골1:14)

예수 그리스도를 믿는다는 것은 예수 그리스도를 나의 주님으로 영접한다는 것을 말합니다.

하나님께서 보내신 예수 그리스도를 믿는다는 것은 예수 그리스도를 나의 주 나의 하나님으로 받아들이고, 그분 앞에 복종한다는 것을 말합니다.

하나님을 영접하는 자, 곧 그 이름을 믿는 자들에게는 하나님의 자녀가 되는 권세를 주십니다.

영접하는 자 곧 그 이름을 믿는 자들에게는 하나님의 자녀가 되는 권세를 주셨으니 이는 혈통으로나 육정으로나 사람의 뜻으로 나지 아니하고 오직 하나님께로부터 난 자들이니라. (요1:12-13)

이러한 은총은 구원을 이루게 하신 하나님께서 우리에게 믿음을 허

락하심으로 주어지는 것입니다.

이것은 우리 힘으로 되는 것이 아니라, 오직 하나님의 은혜로서 하나님의 선물로 주어지는 것입니다.

너희는 그 은혜에 의하여 믿음으로 말미암아 구원을 받았으니 이것은 너희에게서 난 것이 아니요 하나님의 선물이라. 행위에서 난 것이 아니니 이는 누구든지 자랑하지 못하게 함이라. (엡2:8-9)

예수님을 믿으면 먼저 영원한 생명의 축복을 얻게 됩니다.

아들을 믿는 자에게는 영생이 있고, 아들에게 순종하지 아니하는 자는 영생을 보지 못하고 도리어 하나님의 진노가 그 위에 머물러 있느니라. (요3:36)

세상의 종말의 날에는 예수 그리스도께서 심판의 주님이 되시어 산

자와 죽은 자를 심판하러 오십니다.

하나님의 말씀을 듣고 예수 그리스도를 구주로 영접한 사람들은 이미 영생을 얻은 사람들이므로, 더 이상 심판에 이르지 않게 됩니다. 주님 안에서 복된 영원한 생명, 곧 영생을 누리게 되는 것입니다.

내가 진실로 진실로 너희에게 이르노니 내말을 듣고 또 나 보내신 이를 믿는 자는 영생을 얻었고 심판에 이르지 아니하나니 사망에서 생명으로 옮겼느니라. (요5:24)

예수께서 가라사대 나는 부활이요 생명이니 나를 믿는 자는 죽어도 살겠고, 무릇 살아서 나를 믿는 자는 영원히 죽지 아니하리니 이것을 네가 믿느냐? (요11:25-26)

믿음의 사람들은 늘 항상 주님과 함께 있는 기쁨을 누리게 될 것입니다.

주께서 호령과 천사장의 소리와 하나님의 나팔 소리로 친히 하늘로부터 강림하시리니 그리스도 안에서 죽은 자들이 먼저 일어나고, 그 후에 우리 살아남은 자들도 그들과 함께 구름 속으로 끌어 올려 공중에서 주를 영접하게 하시리니 그리하여 우리가 항상 주와 함께 있으리라. (살전4:16-17)

우리는 바로 지금 이 순간 예수 그리스도를 믿음으로 구속,
곧 죄 사함을 얻게 되었습니다.
우리에게 이보다 더 좋은 소식이 있을 수 있겠습니까?

하나님의 말씀을 듣고 예수 그리스도를 구주로 영접한 사람들은 이미 영생을 얻은 사람들이므로,
더 이상 심판에 이르지 않게 됩니다.

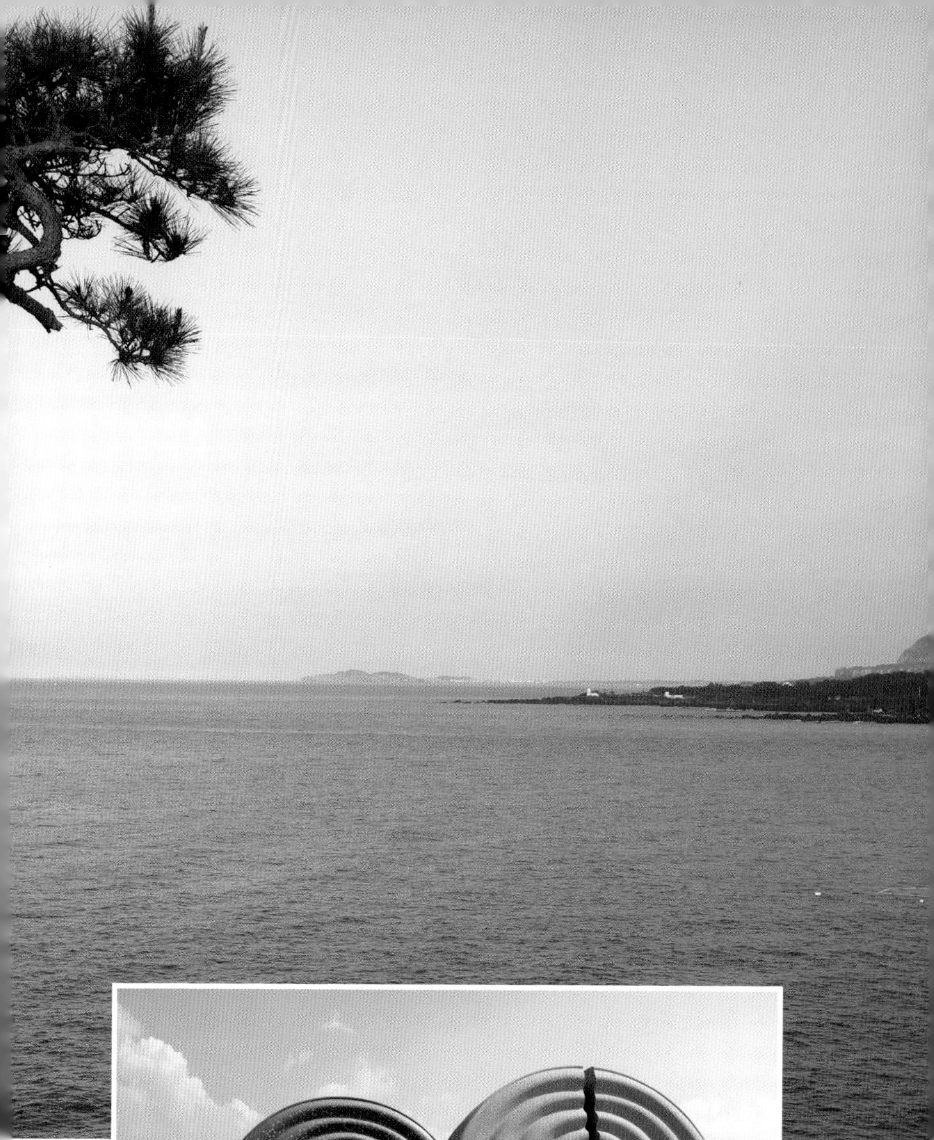

7

예수님을 섬기는 삶으로의 변화

누군가 당신이 진 커다란 빚을 탕감해 주었다면, 빚을 탕감해 준 그분을 위해 여러분은 어떻게 하여야 할까요? 우리의 빚을 탕감해 주신 분이 바로 예수님이라면, 우리를 죽음에서 건지시고 구원의 길로 인도하신 분이 예수님이라면, 여러분은 어떤 모습으로 그분을 뵈어야 할까요? 예수님을 섬기는 삶으로의 변화를 기대해 봅니다.

예수님을 믿은 이후, 우리의 삶은 어떻게 변화될까요? 어떤 것이 예수 그리스도를 믿으며 따라는 바른 삶일까요?

주님께서 가르치신 말씀은 그리스도인이 살아가야 할 방법은 사랑이라고 말합니다. 바로 사랑의 법인 것이죠.

사랑은 두 가지로 나누어집니다. 하나는 하나님 사랑이며, 하나는 이웃 사랑입니다. 주님께서는 이 두 가지로 우리가 살아가야 할 길을 가르쳐 주셨습니다. 예수 그리스도를 믿는 사람들의 삶의 방법은 사

랑입니다.

새 계명을 너희에게 주노니 서로 사랑하라 내가 너희를 사랑한 것 같이 너희도 서로 사랑하라. (요13:34)

예수님을 믿는 성도들은 예수님의 '온유'와 '겸손'의 성품으로 예수님의 삶을 따르며 살아야 할 것입니다.

예수님의 십자가를 지고 우리가 주님을 따른다면, 우리의 마음은 주님 안에서 평화를 누리게 될 것입니다.

예수 그리스도를 믿는 사람들의 삶의 방식은 사랑의 법, 즉 온유와 겸손의 삶입니다. 온유와 겸손은 주님께서 우리에게 허락하신 십자가이며, 주님을 닮아가는 생활의 방법입니다.

나는 마음이 온유하고 겸손하니 나의 멍에를 메고 내게 배우라. 그리하면 너희 마음이 쉼을 얻으리니 이는 내 멍에는 쉽고 내 짐은 가벼움

이라 하시니라. (마11:29-30)

예수 그리스도를 믿는 우리는 늘 항상 깨어 기도하며, 미래를 준비하며, 경건한 마음을 가지고, 이 세상을 살아가야 합니다.

주님께서는 언제 우리에게 오실는지 우리가 알 수 없기 때문에 우리에게 늘 항상 "깨어 있으라."고 말씀하셨습니다.

그러므로 깨어 있으라. 어느 날에 너희 주가 임할는지 너희가 알지 못함이니라. (마24:42)

주님께서 '도적 같이 생각지 않은 때'에 오신다고 하셨으므로, 우리는 늘 항상 깨어 기다리며 미래를 준비하는 삶을 살아야 할 것입니다.

너희도 아는 바니 만일 집 주인이 도둑이 어느 시각에 올 줄을 알았더라면 깨어 있어 그 집을 뚫지 못하게 하였으리라. 이러므로 너희도 준비하고 있으라 생각하지 않은 때에 인자가 오리라. (마24:43-44)

우리는 우리의 크신 하나님 예수 그리스도의 영광의 나타나심을 기다리며, 이 세상 삶의 정욕을 버리고 신중함과 의로움과 경건함으로 복된 소망을 가지고 살아야 할 것입니다.

모든 사람에게 구원을 주시는 하나님의 은혜가 나타나 우리를 양육하시되 경건하지 않은 것과 이 세상 정욕을 다 버리고 신중함과 의로움과 경건함으로 이 세상에 살고 복스러운 소망과 우리의 크신 하나님 구주 예수 그리스도의 영광이 나타나심을 기다리게 하셨으니, 그가 우리를 대신하여 자신을 주심은 모든 불법에서 우리를 속량하시고 우리를 깨끗하게 하사 선한 일을 열심히 하는 자기 백성이 되게 하려 하심이라. (딛2:11-14)

예수님께서는 모든 사람들에게
그분께 나아오라고 말씀하시고 계십니다.

우리는 또한 예수님 안에서 성령님의 열매를 맺는 생활을 하여야 합니다.

예수님께서는 주님을 믿는 우리가 성령님의 열매를 맺는 경건하고도 거룩한 생활을 살아가가기를 원하시기 때문입니다.

성령님의 열매는 나 자신뿐만 아니라, 우리와 우리의 교회와 그리고 우리의 주변 사람들에게 덕을 끼치게 할 것입니다.

오직 성령의 열매는 사랑과 희락과 화평과 오래 참음과 자비와 양선과 충성과 온유와 절제니 이 같은 것을 금지할 법이 없느니라. (갈 5:22-23)

그리스도인은 사랑을 공급하는 생활을 하여야 합니다.

사랑은 세상에서 썩어질 것을 피하여 하나님의 성품을 닮아가는 삶, 즉 우리 그리스도인들이 지향하는 삶의 궁극적 목표입니다.

이로써 그 보배롭고 지극히 큰 약속을 우리에게 주사 이 약속으로 말미암아 너희가 정욕 때문에 세상에서 썩어질 것을 피하여 신성한 성품에 참여하는 자가 되게 하려 하셨느니라. 그러므로 너희가 더욱 힘써 너희 믿음에 덕을, 덕에 지식을, 지식에 절제를, 절제에 인내를, 인내에 경건을, 경건에 형제 우애를, 형제 우애에 사랑을 더하라. (벧후 1:4-7)

이 사랑은 참으로 위대한 것이며, 제일 좋은 삶의 길입니다.
바로 이러한 사랑이 그리스도의 근본 정신인 것입니다.

사랑은 오래 참고 사랑은 온유하며, 시기하지 아니하며, 사랑은 자랑하지 아니하며, 교만하지 아니하며, 무례히 행하지 아니하며, 자기의 유익을 구하지 아니하며, 성내지 아니하며, 악한 것을 생각하지 아니하며, 불의를 기뻐하지 아니하며, 진리와 함께 기뻐하고, 모든 것을 참으며, 모든 것을 믿으며, 모든 것을 바라며, 모든 것을 견디느니라.

이 사랑은 참으로 위대한 것이며, 제일 좋은 삶의 길입니다.
바로 이러한 사랑이 그리스도의 근본 정신인 것입니다.

(고전13:4-7)

우리는 우리가 받은 복음을 전하며 살아야 합니다.

이것은 우리를 구원하신 주님께서 공생애를 마치시면서, 제자 된 우리들에게 부여하신 사명입니다.

이 사명은 예수 그리스도, 우리 주님의 구원의 사랑을 전하는 일, 복음 전파입니다.

우리는 예수 그리스도를 알지 못하는 이들에게 우리가 받은 구원의 복음을 전파하며, 예수 그리스도의 우리를 위한 희생과 그 크신 사랑을 전하며 살아야할 것입니다.

예수님께서 "너희는 가서 모든 민족을 제자로 삼아 아버지와 아들과 성령의 이름으로 세례를 베풀고 내가 너희에게 분부한 모든 것을 가르쳐 지키게 하라"(마28:19-20)고 말씀하셨습니다.

하나님의 말씀을 준행하는 것은 매일 말씀을 읽으며, 기도하며, 인내하며, 주님 오시는 그날까지 그리스도의 본을 보이며 사는 것입니다.

이 생활은 덕을 쌓으며, 복음을 전하며, 의로움과 경건함으로 굳건한 생활로 나타날 것입니다. (롬15:30, 고전11:26 딤후3:15-17, 딛2:12-14, 히10:23,36)

우리가 말씀을 전하여야 하는 이유는 믿음은 들음에서 얻을 수 있으며, 들음은 그리스도의 말씀을 전하는 데서 시작되기 때문입니다. 말씀을 전하는 것은 우리가 깨닫게 된 주님의 그 크신 사랑을 전하는 것입니다.

그러므로 믿음은 들음에서 나며 들음은 그리스도의 말씀으로 말미암았느니라. (롬10:17)

사랑은 세상에서 썩어질 것을 피하여 하나님의 성품을 닮아가는 삶,
즉 우리 그리스도인들이 지향하는 삶의 궁극적 목표입니다.

결론적으로 하나님을 경외(敬畏)하는 삶이 행복입니다. 하나님을 경외하는 것이 모든 지식의 근본입니다. 주님을 의지하는 사람들은 하나님을 경외함으로써 복된 삶을 누리는 복을 받게 됩니다.

여호와를 의지하는 것이 지식의 근본이거늘 미련한 자는 지혜와 훈계를 멸시하느니라. (잠1:7)

삼가 말씀에 주의하는 자는 좋은 것을 얻나니 여호와를 의지하는 자는 복이 있느니라. (잠16:20)

네 마음으로 죄인의 형통을 부러워하지 말고 항상 여호와를 경외하라. (잠23:17)

하나님을 경외함의 보상은 재물과 영광과 생명입니다. 성경은 이 사실을 예수 그리스도를 믿는 이들에게 분명히 전하여 줍니다.

공의와 인자를 따라 구하는 자는 생명과 공의와 영광을 얻느니라.

(잠21:21)

겸손과 여호와를 경외함의 보상은 재물과 영광과 생명이니라. (잠22:4)

하나님을 사랑하는 사람들은 의와 존귀와 부귀를 얻게 됩니다.(잠8:17-21) 이것은 하나님을 전심으로 사랑하는 결과에 대한 보상입니다.

사람이 살아가는 삶의 본질은 하나님을 사랑하는데 있습니다.

나를 사랑하는 자들이 나의 사랑을 입으며, 나를 간절히 찾는 자가 나를 만날 것이니라. 부귀가 내게 있고, 장구한 재물과 공의도 그러하니라. 내 열매는 금이나 정금보다 나으며, 내 소득은 순은 보다 나으니라. 나는 정의로운 길로 행하며, 공의로운 길 가운데로 다니나니 이는 나를 사랑하는 자가 재물을 얻어서 그 곳간에 채우게 하려 함이니라. (잠8:17-21)

우리가 말씀을 전하여야 하는 이유는 믿음은 들음에서 얻을 수 있으며,
들음은 그리스도의 말씀을 전하는 데서 시작되기 때문입니다

예수님의 십자가를 지고 우리가 주님을 따른다면,
우리의 마음은 주님 안에서 평화를 누리게 될 것입니다.

8

예배드리는 생활과 그리스도 안에서의 교제

교회는 예수님을 믿는 믿음의 사람들의 공동체를 일컫습니다. 성도들은 교회를 통하여 그리스도인들과 함께 교제를 나누게 됩니다. 교회는 믿음의 덕을 세우고, 하나님께 예배를 드리며, 주님께 기도를 하는 장소를 가리키는 말이기도 합니다. 믿음을 얻는 것도 이 교회 공동체를 통하여 이루어지는 것이 대부분입니다.

예수님을 믿는 사람들은 교회에 출석하여 성도들과 함께 하나님께 예배를 드려야 합니다.

교회는 하나님에 대한 거룩한 예배가 늘 이루어집니다.

예배는 주님을 경외하며, 하나님께 나아가 그분을 경배하는 것입니다.

우리가 일반적으로 말하는 교회는 예수님을 구주로 영접하고 시인한 사람들, 즉 성도들이 모여, 하나님께 예배를 드리는 공동체이자 예배를 드리는 처소를 말합니다.

교회의 예배는 온전히 하나님께 드려지며, 예배는 기도와 찬송, 말씀을 듣는 설교 그리고 헌금 등의 순으로 지켜집니다. 이 예배의 예전은 초대 교회부터 지켜져 온 것입니다.

예수님께서는 그분의 몸 된 교회와 함께 하시며, 감찰하시고, 징계를 내리시기도 하시며, 우리의 신앙을 권면하여 주시기도 하십니다.

교회는 우리들을 믿음으로 양육하며, 영원한 생명을 사는 삶으로 인도하여 주는 처소입니다.

교회는 세상 끝날 까지 존재할 것이며, 인류 종말의 날, 최후의 심판의 날, 인류의 종말의 날 이후에도 천국에서 온전히 그대로 유지될 것입니다. 그곳에는 찬송만이 있겠고, 더 이상 눈물과 슬픔이 없을 것입니다.

우리가 예수님을 믿은 이후, 교회 안에서의 삶은 기도와 전도와 성

도와 교제하는 생활로 이루어집니다.

예수님을 믿는 그리스도인들은 하나님께 예배드리는 생활을 실천하며 사는 것이 신앙생활에 유익합니다.

첫째, 늘 기도하는 생활을 하여야 합니다. 특히 목회자와 교회와 가정을 위하여 기도하는 생활을 계속하는 것이 신앙생활을 유지하는데 큰 유익이 있습니다.

둘째, 복음을 전하는 생활을 하여야 합니다. 복음은 내 이웃뿐만 아니라, 하나님을 알지 못하는 다른 민족까지도 구원을 얻게 합니다.

셋째, 성도와 교제하는 생활을 하여야 합니다. 성도와 교제는 그리스도 안에서 평안과 기쁨을 유지하게 해 줍니다.

믿음의 사람들은 성도들과 교제를 나눌 때는 그리스도 안에서 올바른 믿과 덕으로 이루어가야 합니다. 성도의 교제는 그리스도 안에서 이루어져야 합니다.

그리스도인의 교제는 섬김과 나눔입니다. 그리스도인의 교제는 서로 권면하며, 격려하며, 서로 위하여 기도하는 것입니다. 올바른 믿음의 교제는 여러분의 마음을 기쁘게 하며, 믿음의 덕을 세워 줄 것입니다.

예수 그리스도를 믿는 사람들의 삶의 방식은 사랑의 법,
즉 온유와 겸손의 삶입니다. 온유와 겸손은 주님께서 우리에게 허락하신 십자가이며,
주님을 닮아가는 생활의 방법입니다.

예수님을 믿는 그리스도인들은 하나님께 예배드리는 생활을 실천하며 사는 것이
신앙생활에 유익합니다

9

예수 그리스도를 믿은 이후의 결과

예수를 그리스도를 믿은 이후의 궁극적인 삶의 변화와 그 결과는 무엇일까요? 현재는 어떻게 살아야 하는 것일까요? 그리고 우리가 죽은 이후의 미래는 어떤 것일까요? 또한 우리가 준비하여야 하는 삶은 어떠해야 할까요? 지금까지 소홀히 여겨왔던 삶의 지평들을 찾아본다면 아마 당신의 생은 즐거움과 결단의 연속이 될 것입니다.

예수 그리스도 안에서 삶의 결과를 단 한마디로 요약해 말한다면 영생을 얻는다는 것입니다.

우리 인간이 영원한 생명을 얻는다는 것이며, 축복된 삶을 누리게 된다고 하는 것입니다. 예수 그리스도를 믿지 않는 이들에게는 불행하지만 지옥이 예비 되어 있음을 성경은 밝히 말합니다.

그렇다면 예수 그리스도를 믿고 난 이후 이 세상에서의 삶의 의미는 무엇일까요?

예수 그리스도를 믿은 이후 이 세상에서의 삶의 축복을 몇 가지로 설명하면 다음과 같은 것들입니다.

첫째, 그리스도인으로서의 바른 삶을 살아간다면, 이 땅위에서는 우리의 하는 일들에 복을 받게 될 것입니다.

하나님의 말씀을 순종하면 우리 자신과 우리의 자손들이 복을 받게 된다고 성경은 기록하고 있기 때문입니다.

그러나 그 보다 더 궁극적으로 중요한 것은 우리 인생이 얻게 되는 복이, 죽음 이후에 오는 영원한 생명, 영생이라는 사실입니다.

둘째, 모든 일이 형통하게 될 것입니다.

진리 안에 살면, 요한삼서 1장 2절의 '사랑하는 자여 네 영혼이 잘 됨 같이 네가 범사에 잘되고 강건하기를 내가 간구하노라'라는 말씀

과 같이 주님 안에서 평화를 누리므로 우리의 영혼은 안식을 얻게 될 것입니다.

예수 그리스도를 믿는 믿음으로 우리의 마음이 평화로우니, 우리의 모든 일이 잘 되고, 또한 우리의 육신 또한 강건하여지게 될 것입니다.

주님 안에서 우리의 영혼과 마음이 평화로워지니, 우리의 육체가 하는 일들도 자연히 잘 될 것입니다. 이것이 믿음의 결론입니다.

우리의 궁극적인 삶의 목표는 미래에 주어질 천국이지만, 이 세상에서 살아가는 육체를 가지고 살아가는 우리의 삶은 평화입니다. 평화로운 삶은 우리 그리스도인들이 간구하여야 할 주님의 뜻입니다. 성경 말씀 전체를 통하여 주님께서 평안을 약속하셨습니다..

셋째, 하나님의 말씀인 성경을 사랑하게 됩니다. 성경은 우리 인생에게 영생이 있음을 알려주고, 또한 영생이 예수님 안에 있음을 말씀해 줍니다.

그리스도인들이 누리는 복은 이 세상에서 믿음을 가지고 사는 삶의 축복뿐 아니라, 이 세상을 떠난 이후의 내세적인 삶, 즉 영생입니다. 그리스도인은 이 세상에서의 삶이 다한 이후의 영원한 생명을 얻는 삶이 더 큰 복이기 때문입니다.

예수님을 믿는 그리스도인은 이 세상에서의 생명을 다한 이후에는 생명의 부활로 일어나게 됩니다. 하늘에 있는 영원한 집, 새 하늘과 새 땅에서 살게 될 것입니다.

우리 그리스도인들은 이 땅에 사는 동안 주님 안에서 행한 행위에 따른 상급을 받고, 영원한 안식을 얻게 될 것입니다.

우리 믿음의 사람들은 예수님께서 이 땅에 다시 오실 때까지, 기도에 항상 힘쓰고, 감사하며, 깨어 있어야 할 것입니다.

세상의 정욕에 얽매인 생활보다는 선한 행실, 즉 빛 가운데로 행하는 삶을 살아야 할 것입니다.

그리스도인들은 주님께서 이 세상에 계시면서 우리에게 명령하신 이웃에게 우리가 받은 복음을 전하며 살아야 할 것입니다.

우리의 크신 하나님 구주 예수 그리스도의 영광의 나타나심을 기다리며, 복스러운 소망을 가지고, 신중함과 경건함과 의로움으로 살아야 하겠습니다.

주님 오시는 그 날까지 말입니다.

"아멘, 주 예수여! 오시옵소서!"(계22:20)

예수 그리스도를 믿는 믿음으로 우리의 마음이 평화로우니,
우리의 모든 일이 잘 되고, 또한 우리의 육신 또한 강건하여지게 될 것입니다

우리 믿음의 사람들은 예수님께서 이 땅에 다시 오실 때까지, 기도에 항상 힘쓰고,
감사하며, 깨어 있어야 할 것입니다.

예수 그리스도를 믿는 믿음으로 우리의 마음이 평화로우니,
우리의 모든 일이 잘 되고, 또한 우리의 육신 또한 강건하여지게 될 것입니다.

우리의 궁극적인 삶의 목표는 미래에 주어질 천국이지만,
이 세상에서 살아가는 육체를 가지고 살아가는 우리의 삶은 평화입니다.

새신자를 위한 고백의 기도

처음 예수 그리스도를 알고, 믿음으로 주님을 고백하시는 분들은 이 기도문을 소리 내어 읽으심으로써, 믿음을 고백하여 보시기 바랍니다. 그렇게 하면 주님의 구원의 은혜가 믿음을 고백하는 여러분에게 임할 것입니다.

사랑이 많으신 주 예수님! 저는 죄인입니다. 이 세상에서 방황하며 살다가, 이제 주님 앞에 나왔습니다. 주님! 저를 받아 주옵소서.

하나님의 외 아드님이신 우리 주 예수 그리스도께서 저를 죄에서 구원해 내시기 위하여, 저를 대신하여 십자가 위에서 몸 버려 피 흘리시고, 죽음에서 부활하시어, 저를 구원해 주셨음을 믿습니다.

주님! 저의 죄를 용서해 주시고, 저를 죄악에서 건져내시며, 저를 주님의 자녀로 삼아 주옵소서. 오직 예수 그리스도만이 나의 주님, 나의 하나님이 되심을 믿사오니, 주님! 저를 받아 주옵소서.

저의 지은 죄를 회개하오니, 예수 그리스도의 흘리신 보배로운 피로 저를 씻어 주옵소서. 이제는 주님만을 위하여 살겠습니다.

예수 그리스도를 나의 주님, 나의 하나님으로 받아들이오니, 저와 늘 함께하여 주옵소서. 우리의 주님이신 예수 그리스도의 이름으로 기도드립니다. 아멘.

나는 어떻게 구원을 얻는가?

초판_ 1쇄 발행
만든 사람들_ God Seeker's
하나님을찾는사람들선교회
글쓴이_ 이일화
편집디자인_ 김시우
펴낸이_ 조정애
펴낸곳_ 유림프로세스
등록번호: 제 2013-000003호
등록일자: 2013년 1월 7일

정가: 8,000원
ISBN: 978-89-98771-11-9

나는 어떻게 구원을 얻는가?

기독교문서 선교단체
하나님을 찾는 사람들

저자/사진 **이일화**

은혜교회 교육목사. 서울신학대학교를 졸업하고 서울시립대학교 도시과학대학원과 경영대학원에서 수학하여 도시계획학석사, 경영학석사 학위를 취득하였다.

문서선교 사역과 함께, 현재 은혜교회에서 한나회(65세-90세)와 10여년 이상을 함께하고 있으며, 「하나님을 찾는 사람들」 토요성경공부 모임을 운영하고 있다.

저자는 새신자 양육을 위한 프로그램 개발과 교육자료 개발, 성경연구 등을 통한 교회교육과 문서선교, 평신도들의 신앙성장 등에 각별한 관심을 갖고 있다.

저서로는 새신자 교육과 전도용 책자인 「나는 예수님을 어떻게 믿는가?」, 새 신자와 평신도를 위한 성경교리핸드북 「하나님을 찾아가는 길」과 그 증보판 「기독교 교리 알고 보면 쉬워요」, 그리스도인을 위한 신앙생활지침서 「주기도문·사도신경·십계명」, 기도 시편 「내 마음의 기도소리」, 「예수님의 십자가」 외 전공논문과 시집 등 다수의 책들이 있다.